treine seucé
rebrotreine
seucerebrotre
ine **seu** cere
brotreineseu
cerebrotreine
seu**cérebro**

③

Dados Internacionais de Catalogação na Publicação (CIP)
(Câmara Brasileira do Livro, SP, Brasil)

Navarro, Àngels
  Treine seu cérebro, vol. 3 : os melhores desafios contra o envelhecimento cerebral / Àngels Navarro ; tradução de Guilherme Summa. – Petrópolis, RJ : Vozes, 2016.

  4ª reimpressão, 2022.

  Título original: Entrena tu cerebro : los mejores retos contra el envejecimiento cerebral
   ISBN 978-85-326-5271-3
   1. Atividades e exercícios 2. Disciplina mental 3. Jogos I. Título.

16-03462   CDD-158.1

Índices para catálogo sistemático:
1. Mente humana : Psicologia aplicada   158.1

ÀNGELS NAVARRO

treine seu cérebro

Os melhores desafios contra
o envelhecimento cerebral

Tradução de Guilherme Summa

EDITORA VOZES
Petrópolis

© Àngels Navarro, 2014
Esta tradução foi publicada por intermédio da IMC Agência Literária

Tradução realizada a partir do original em espanhol intitulado
Entrena tu cerebro 3. Los mejores retos contra el envejecimiento cerebral

Direitos de publicação em língua portuguesa – Brasil:
Editora Vozes Ltda.
Rua Frei Luís, 100
25689-900 Petrópolis, RJ
www.vozes.com.br
Brasil

Todos os direitos reservados. Nenhuma parte desta obra poderá ser
reproduzida ou transmitida por qualquer forma e/ou quaisquer meios
(eletrônico ou mecânico, incluindo fotocópia e gravação) ou arquivada em
qualquer sistema ou banco de dados sem permissão escrita da editora.

CONSELHO EDITORIAL

Diretor
Gilberto Gonçalves Garcia

Editores
Aline dos Santos Carneiro
Edrian Josué Pasini
Marilac Loraine Oleniki
Welder Lancieri Marchini

Conselheiros
Francisco Morás
Ludovico Garmus
Teobaldo Heidemann
Volney J. Berkenbrock

Secretário executivo
Leonardo A.R.T. dos Santos

Editoração: Maria da Conceição B. de Sousa
Diagramação: Sheilandre Desenv. Gráfico
Capa: Do original em espanhol
Arte-finalização: SGDesign

ISBN 978-85-326-5271-3 (Brasil)
ISBN 978-84-696-0183-9 (Espanha)

Este livro foi composto e impresso pela Editora Vozes Ltda.

INTRODUÇÃO

Existe nos dias de hoje a crescente consciência de que é tão importante exercitar o corpo quanto manter a mente ativa. A razão disso é que nosso cérebro também precisa ficar em forma para tirar o máximo proveito de suas qualidades e conservar-se saudável pelo maior tempo possível.

Os jogos apresentados nestes cadernos constituem uma excelente ferramenta para aumentar o rendimento do cérebro. Já se demonstrou que dedicar cerca de vinte minutos por dia à resolução desse tipo de jogos contribui para a melhora das capacidades cognitivas como a atenção, a memória, a agilidade mental, a concentração... Um treino constante não apenas propicia um aprimoramento da capacidade cerebral, como também retarda a deterioração da cognição que o passar dos anos costuma acarretar.

A coleção *Treine seu cérebro* é dirigida a adultos de todas as idades. Aos mais jovens proporcionará uma forma de reforçar a agilidade cerebral, e aos mais velhos, o auxílio para conservar um bom rendimento do cérebro. Cada caderno possui entre quarenta e quarenta e dois jogos desenvolvidos para ativar as capacidades que os psicólogos são unânimes em apontar como indicadores essenciais da inteligência:

atenção, memória, linguagem, cálculo, raciocínio e orientação espacial.

Para resolver estes jogos não são necessários grandes conhecimentos ou qualquer preparação especial. É preciso apenas abrir a mente, livrar-se de ideias preconcebidas e aceitar os desafios. O resultado será duplamente satisfatório: além de desfrutar de um momento de diversão, em pouco tempo você comprovará que o cérebro pode realmente ser estimulado e revitalizado.

Material necessário

Os cadernos foram desenvolvidos de forma que você possa resolver os jogos e escrever as soluções diretamente neles. Sugerimos a você que separe lápis, borracha e um bloco de papel para anotações, verificações, cálculos etc.

Nível de dificuldade

Todos os jogos trazem o seu nível de dificuldade indicado por uma, duas, três ou quatro lâmpadas. Quanto mais lâmpadas, maior a dificuldade.

FÁCIL   MÉDIO   DIFÍCIL   MUITO DIFÍCIL

A dificuldade dos jogos não segue uma ordem, eles estão misturados. Essa indicação permite que você os selecione e realize seus próprios roteiros dentro do caderno, de acordo com o seu nível. Seja como for, você deve saber que as pessoas possuem inteligências distintas. Há vários tipos de inteligência e, portanto, o que é fácil para um indivíduo pode ser mais difícil para outro.

Tempo de resolução

Demore o tempo que precisar para resolver cada jogo. Tenha em mente que o mais importante não é o tempo de resolução, tampouco o resultado, e sim, o caminho percorrido para chegar até ele.

Soluções

Ao fim de cada caderno você encontrará as soluções para todos os jogos. Se estiver muito difícil encontrar a solução, persista um pouco mais antes de olhar a resposta; não desista. Leia atentamente o enunciado dos jogos até entendê-lo. Se não encontrar a resposta na primeira tentativa, não desanime nem abandone o jogo: utilize todas as suas estratégias, recorde-se de experiências vividas em jogos similares, experimente o método de tentativa e erro até encontrar a solução correta...

NÍVEL 💡💡 | ATENÇÃO

1. Texturas

Encontre a textura que não se repete.

NÍVEL ♀ ♀ ♀ | LINGUAGEM

2. Países e capitais

Cada linha corresponde a um país e sua capital. Organize as letras e separe as palavras, que seus nomes aparecerão.

A I O Z I L B L V A A P

N A I D J E I N O S A R C T A A

B A T L A A I R N A I N A

NÍVEL ♀♀♀ | CÁLCULO

3. Dois quadrados mágicos

Coloque os números 5, 6, 7, 8, 9, 10, 11 e 12 nas casas vazias destes quadrados, de modo que a soma dos números de cada fileira ou coluna dê 22. A distribuição dos números deve ser diferente em cada quadrado.

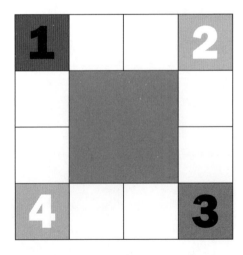

NÍVEL ♀♀♀ | CÁLCULO

4. Dominó

Como as peças de dominó devem ser organizadas para que a soma vertical de cada coluna seja 21?

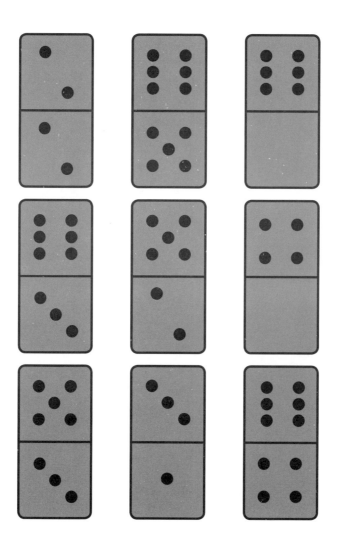

11

NÍVEL 🔆🔆🔆 | CÁLCULO

5. Série de círculos

Qual das opções abaixo está em conformidade com a série?

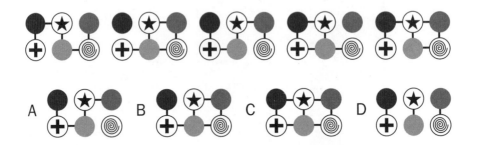

NÍVEL ♀♀♀ | LINGUAGEM

6. Pirâmide de palavras

Complete esta pirâmide eliminando somente uma letra da base, e você obterá uma nova palavra. As letras mudarão de lugar.

NÍVEL ♀♀♀ | ORIENTAÇÃO ESPACIAL

7. Operação fracionada

Preencha a grade com as peças abaixo, de modo que a operação fique correta.

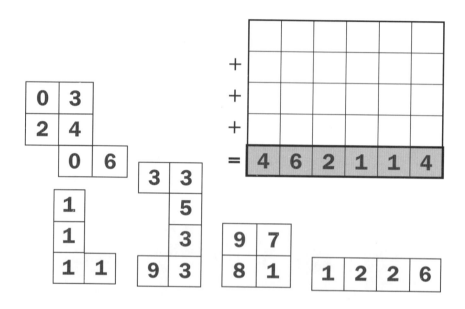

NÍVEL 💡💡💡💡 | MEMÓRIA

8. Lembrando os pares

Memorize estes pares de desenhos e, em seguida, sem olhar, ligue cada desenho com seu respectivo par no quadro da outra página.

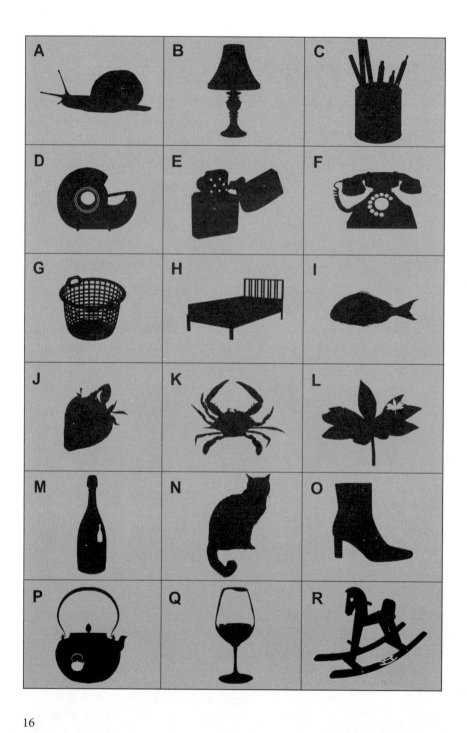

NÍVEL ♀ ♀ | ATENÇÃO

9. Somente uma vez

Pode-se ler unicamente uma vez a palavra SOMENTE nesta sopa de letrinhas. Indique onde ela está.

O	M	E	N	T	E	S	M	E	N	T	E
M	O	S	T	S	O	M	E	N	T	O	N
S	T	S	N	M	E	S	T	S	E	N	T
E	N	T	O	N	T	E	N	S	T	S	E
S	E	N	E	M	O	T	E	N	S	O	N
E	N	E	T	N	E	S	O	N	S	M	M
T	S	N	S	O	S	N	E	M	T	E	S
S	O	M	E	N	S	E	T	M	O	S	E
E	S	T	O	N	O	M	S	E	N	T	O
M	O	S	M	S	E	T	M	E	M	O	S
O	M	T	S	N	T	E	S	O	N	T	E
S	T	N	E	M	N	O	S	N	T	E	S

NÍVEL 💡💡 | CÁLCULO

10. Triângulo numérico

Que número deve ser colocado onde indica o ponto de interrogação?

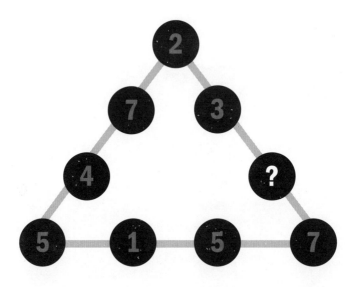

NÍVEL ♀♀♀ | CÁLCULO

11. Quadrado de capicuas

Coloque dentro do quadrado mágico os números capicuas situados à direita, de modo que a soma de cada coluna, de cada fileira e das diagonais maiores seja 165.

NÍVEL ♟♟ | LINGUAGEM

12. Quadro de letras

Encontre o máximo de palavras possível que podem ser formadas com estas letras utilizando somente letras contíguas, em qualquer direção (para cima, para baixo, para a esquerda, para a direita, nas diagonais). Você pode usar uma letra quantas vezes quiser, embora não em uma mesma palavra.

NÍVEL 💡💡 | ATENÇÃO

13. Caça-palavras

Procure neste caça-palavras os nomes dos seguintes jogos de cartas: BURACO – PACIÊNCIA – CACHETA – FREECELL – TRUCO – MAU-MAU – PÔQUER – CRAPÔ – TRANCA – BURRO.

Z	C	G	U	I	O	P	P	B	M	U	S	D	F	B	J	P	O
U	A	Q	E	T	B	U	R	R	O	U	I	M	B	U	D	T	I
W	C	R	U	C	O	U	D	F	J	I	O	P	L	R	X	D	F
A	H	D	T	U	I	L	M	C	V	Z	C	X	C	A	U	T	E
Q	E	D	G	J	K	L	Z	J	R	T	R	A	N	C	A	M	Z
A	T	Z	D	B	E	R	T	H	D	S	A	P	P	O	O	G	Q
W	A	R	T	Y	R	H	D	F	L	J	P	D	A	E	E	B	L
Q	R	Z	F	U	I	I	O	P	L	S	O	A	T	N	I	O	N
D	A	G	H	J	K	O	D	W	H	B	T	Z	D	T	E	T	I
R	T	U	I	O	M	C	Z	G	S	D	A	Y	W	A	T	R	E
T	R	U	C	O	L	A	R	T	E	J	R	D	C	L	U	E	K
Q	E	T	D	A	Y	I	L	B	Y	X	M	V	A	T	I	S	O
V	T	S	L	R	I	S	C	A	C	Z	K	Q	O	V	D	I	R
G	P	H	J	E	A	V	N	C	X	I	N	C	V	O	N	L	P
V	P	O	Q	U	E	R	V	E	M	Y	A	V	T	H	A	L	B
W	F	H	D	N	M	O	P	U	L	P	V	C	A	T	O	O	W
E	R	T	U	R	K	L	M	A	U	M	A	U	L	L	O	Y	I
B	O	A	D	T	I	N	M	F	D	U	O	P	K	F	E	G	M
A	D	F	J	D	X	D	G	L	O	F	R	E	E	C	E	L	L
R	P	A	C	I	E	N	C	I	A	L	I	O	P	A	Z	C	V
A	T	F	R	Y	V	N	N	C	W	I	K	O	T	E	D	U	O

NÍVEL ♀♀ | CÁLCULO

14. Quadrado mágico

Preencha os espaços vazios de forma que todas as colunas, fileiras e as diagonais maiores somem 75. Complete primeiro as colunas e fileiras nas quais falta somente um número.

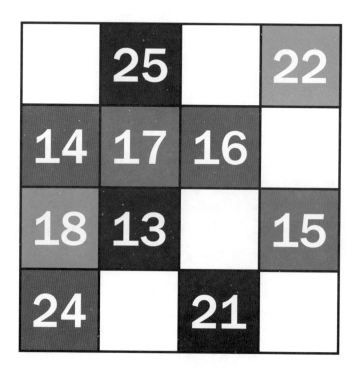

NÍVEL 💡💡 | LINGUAGEM

15. Palavras

Forme o maior número possível de palavras com estas letras. Anote as palavras logo abaixo. Não é necessário usar todas as letras.

A M A A O P L

....

....

....

....

NÍVEL 💡 | LINGUAGEM

16. Compras do mês

Escreva o nome de dois produtos que podem ser comprados no su-permercado e que comecem pelas letras abaixo.

A ....

B ....

C ....

D ....

E ....

F ....

G ....

H ....

I ....

J ....

M ....

N ....

O ....

P ....

Q ....

R ....

S ....

T ....

U ....

V ....

NÍVEL ◯◯◯ | ATENÇÃO

17. Caça-fileiras

Encontre todas as fileiras iguais à do modelo destacado. Elas podem estar na vertical ou na horizontal, e até mesmo na diagonal.

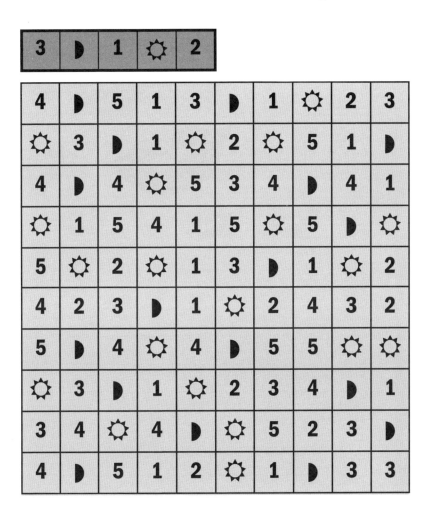

25

NÍVEL ♡♡♡ | RACIOCÍNIO

18. Beijos

Em uma festa há 40 convidados e, ao irem embora, todos se despedem com um beijo. Quantos beijos são dados ao todo?

NÍVEL ♡ ♡ ♡ | LINGUAGEM

19. Alfabeto invertido

Transcreva os seguintes grupos de letras na ordem inversa ao alfabeto, quer dizer, de trás pra frente. Por exemplo: GRUHKMZC = ZURMKHGC

1) BYRFTSDQPX ....

2) JTUGDSWNAP ....

3) NMLIOJRCAQ ....

4) FREWZBHSTJ ....

5) NIPDVCSKMR ....

NÍVEL 💡💡 | CÁLCULO

20. Some 23

Trace uma linha reta para separar as fichas, de modo a obter dois grupos de números cuja soma dá 23.

NÍVEL ♡♡♡ | MEMÓRIA

21. Memorizando trajetos

Memorize estes traçados durante alguns minutos. Depois, tape-os e tente traçar as linhas que faltam nos espaços vazios dos traçados que estão abaixo.

NÍVEL ♀ ♀ | LINGUAGEM

22. Em ordem

Ordene alfabeticamente as seguintes palavras.

LIVRO • MUSEU • BOBINA • DESEJO • PASSEIO • FOGO • OBSCURO • TEMPO • ROSAL • DEDO • CASA • LIMÃO • PORTO • GUIDÃO • NOZ • ONDA • RODA • TORMENTA

1	7	13
2	8	14
3	9	15
4	10	16
5	11	17
6	12	18

NÍVEL | CÁLCULO

23. Sinais matemáticos

Preencha os espaços vazios com os sinais matemáticos que faltam.

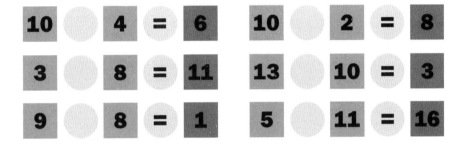

NÍVEL ♀ ♀ ♀ | RACIOCÍNIO

24. Número oculto

Descubra qual é o número oculto, levando em conta que:

1) A diferença entre o último algarismo e o penúltimo é 1.

2) O terceiro algarismo é o resultado da diferença entre o quarto e o segundo algarismos.

3) O segundo algarismo é o resultado da soma do primeiro e o terceiro.

4) Três dos algarismos são números primos.

5) O último algarismo pode ser lido da mesma forma, tanto de baixo para cima como de cima para baixo.

___ ___ ___ ___ ___

NÍVEL ♀♀♀ | ORIENTAÇÃO ESPACIAL

25. Grupo de estrelas

Divida este quadrado com três linhas retas, de modo que fique uma estrela em cada parte. As partes não precisam ser iguais.

NÍVEL ♀♀♀ | LINGUAGEM

26. Anagramas

Forme novas palavras com as que se encontram abaixo. Você deve utilizar todas as letras, alterando sua ordem.

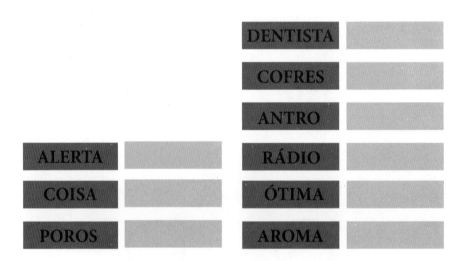

NÍVEL 💡💡💡 | CÁLCULO

27. Números cruzados

Indique os números que faltam em cada casinha para que a soma de cada diagonal dê como resultado 130.

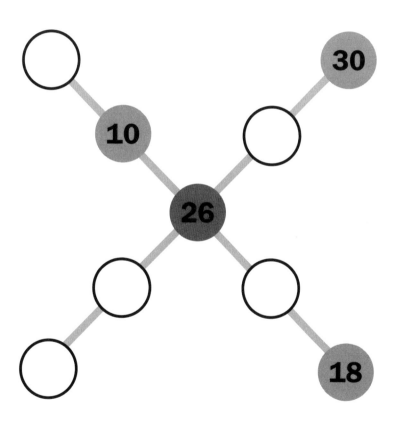

NÍVEL ⚲ ⚲ | LINGUAGEM

28. Labirinto de palavras

Vá da palavra ONDA até AUTARQUIA através do labirinto de palavras. As palavras se encadeiam pela última letra à direita, à esquerda, acima ou abaixo.

```
O N D A B K L Q S E O D N M I T E M L O U Y T Q A S D B Y B
G E I R R L Z A R I O W K E C A E R F U A M Q G L P O V A X
C X H M O T O W K E P N N A X O W K E Q U L Z R A Y I H J U
Z A U A H Y M C V O W K E M L A M P A D A V N E R T L I K D
G E R R E N X K E P N W K R A C Q O L P R E M U T Q O B R A
A O V I M I T E M L O U Y L N X S F A A M O I K B S I D O U
U H N O R E L H A J A A E R O Q U P B D A V A T Y P N S U T
C X D V H D M I D O F X E I G U C I Y O D B T A V Z E R C A
U O W K P R I J U F G O L M O N K I L T I W E B P X G E I R
X M I T E L L E L P V C S O T E B R V M L X D Z R J I S W Q
B M I T E Q U A T W E D P A C E R P I U H V T U B E X D T U
A O D N M I T W O B L I Q U O T E M L O A Z U L E J O B Y I
R X H U O T O W E P N W K O L P O V U L O T O A R I V E T A
```

36

NÍVEL | RACIOCÍNIO

29. Intruso

Qual destes cinco adjetivos é o intruso?

CONTENTE · ALEGRE · SIMPÁTICO DIVERTIDO · FELIZ

NÍVEL 💡💡 | CÁLCULO

30. Quadradinhos numéricos

Coloque os números de 1 a 9 nos espaços vazios, de modo que ao multiplicar os dois extremos de cada diagonal você obtenha como resultado o número do centro. Não é necessário utilizar todos os números, e você pode repeti-los.

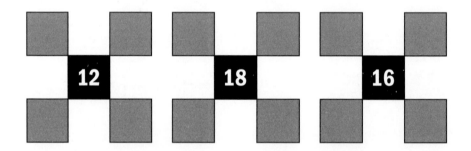

NÍVEL 💡 | LINGUAGEM

31. Terminações

Nesta lista de palavras há 10 que terminam em "ADO" e outras 4 que finalizam em "CIA". Complete as palavras.

MALCRI	HIDRAT	
FRANQUE	GRANUL	
DESCULP	IMPORTÂN	
EMPURR	ACOMOD	
DOUTOR	ESTÂN	
ASSONÂN	EXAGER	
INANIM	DISTÂN	

NÍVEL 💡💡💡 | RACIOCÍNIO

32. Esportes

Memorize estes esportes durante alguns minutos e, depois, sem olhar, escreva todos os que se lembrar no espaço abaixo.

BADMINTON	**CARATÊ**	**BEISEBOL**
BASQUETE	SURFE	HÓQUEI
TÊNIS	MERGULHO	FUTEBOL
VÔLEI	**CICLISMO**	**RÚGBI**
ATLETISMO	BOXE	MOTOCICLISMO

NÍVEL ♀ | LINGUAGEM

33. Números com "S"

Alguns dos números abaixo contêm a letra "S". Encontre-os e circule-os.

3·7·9·15·4·11·2·0·6·23

NÍVEL 💡 | LINGUAGEM

34. Iniciais

Escreva a primeira letra de cada uma das coisas abaixo e você obterá o nome de um animal.

NÍVEL ◊◊◊◊ | RACIOCÍNIO

35. Raciocínio numérico

Alguns dos números abaixo estão mais claros e outros mais escuros por um determinado motivo. Um dos números claros deveria ser escuro. Qual e por quê?

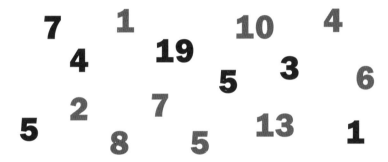

NÍVEL 💡 | CÁLCULO

36. Circulando números

Assinale com um círculo os números pares superiores a 16 e os ímpares inferiores a 68.

1	8	7	13	2	9	11
21	4	78	18	20	32	4
6	10	35	54	19	5	13
15	8	29	9	25	7	90
78	4	5	11	67	47	3

NÍVEL 🔆🔆 | LINGUAGEM

37. Família de palavras

Ordene as seguintes palavras por famílias.

CAVALEIRO · SOL · PELAGEM · SOLÁRIO · PELUDO · CAVALARIA · ENSOLARADO · PELO · CAVALGADA · SOLAR · CAVALO · PELADO

.... · .... · ....

.... · .... · ....

.... · .... · ....

.... · .... · ....

NÍVEL ♀♀♀ | CÁLCULO

38. Quadrado mágico

Utilizando uma só vez cada algarismo, obtenha um total de 35 somando números adjacentes na vertical, horizontal ou diagonal. Pistas: você deve começar pelo 2, e não é necessário usar todos os números.

NÍVEL ♀ | RACIOCÍNIO

39. Mamíferos e aves

Classifique em duas colunas estes animais conforme sejam mamíferos ou aves. Pode haver animais que não pertençam a nenhum dos dois grupos.

GATO · GALINHA · CACHORRO · ÁGUIA · LAGARTIXA · CAVALO · AVESTRUZ · PINTASSILGO · CROCODILO · CAMALEÃO · FAISÃO

MAMÍFEROS	AVES
....	....
....	....
....	....
....	....
....	....

NÍVEL ♡ | RACIOCÍNIO

40. Palavras apagadas

Estas palavras foram parcialmente apagadas. Você saberia escrevê-
-las de novo?

CAMALEÃO   ELEFANTE

BICICLETA   PISCINA

LIBÉLULA   ÔNIBUS

TECO-TECO   GUITARRA

NÍVEL ♀♀ | CÁLCULO

41. Operações

Com os números abaixo, realize as seguintes operações:
- Some os números pares com os ímpares.
- Multiplique o primeiro número pelo último.
- Subtraia o último número do terceiro.
- Some os três últimos números.
- Some os ímpares e subtraia os pares.

SOLUÇÕES

1.

2. Bolívia, La Paz
Indonésia, Jacarta
Albânia, Tirana

3.

4.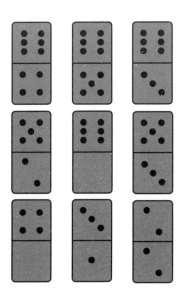

53

5. A figura **B**.

6. TE

ATÉ

TELA

ALETA

MALETA

7.

	1	2	2	6	3	3
+	1	0	3	9	7	5
+	1	2	4	8	1	3
+	1	1	0	6	9	3
=	4	6	2	1	1	4

8. Os pares são: J e I, R e H, F e M, C e N, B e P, K e D, A e L, E e G e, por último, Q e O.

9.

O	M	E	N	T	E	S	M	E	N	T	E
M	O	S	T	S	O	M	E	N	T	O	N
S	T	S	N	M	E	S	T	S	E	N	T
E	N	T	O	N	T	E	N	S	T	S	E
S	E	N	E	M	O	T	E	N	S	O	N
E	N	E	T	N	E	S	O	N	S	M	M
T	S	N	S	O	S	N	E	M	T	E	S
S	O	M	E	N	S	E	T	M	O	S	E
E	S	T	O	N	O	M	S	E	N	T	O
M	O	S	M	S	E	T	M	E	M	O	S
O	M	T	S	N	T	E	S	O	N	T	E
S	T	N	E	M	N	O	S	N	T	E	S

10. O **6**, pois cada lado soma 18.

11.

22	99	44
77	55	33
66	11	88

12. ESCOLA, GROTESCA, ROSA, ROSCA, SOLAR, CALOR, COLA, RESTO, SECAR, DÓLAR, SOL, RETO, ESTOLA, BRECAR, RALO, TROLAR, CASO, LOTE, CETRO, DOAR...

13.

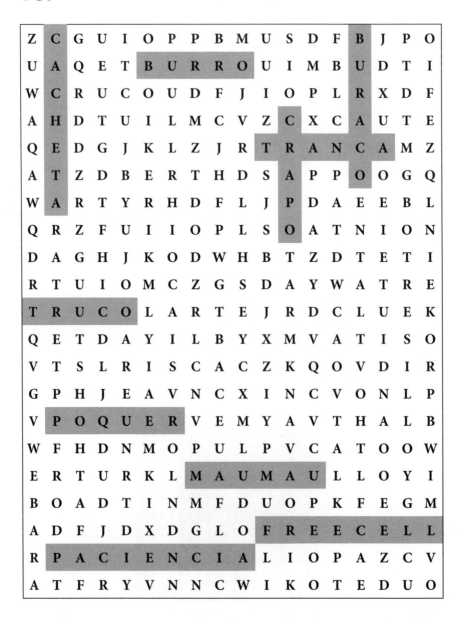

14.

19	25	9	22
14	17	16	28
18	13	29	15
24	20	21	10

15. MAPA, LAMA, ALMA, ÁLAMO, ALA, LA, MALA, MAL, PALMA, AMO, MOLA, AMAPÁ...

16. A – abacate, aveia; B – banana, berinjela; C – café, caqui; D – desinfetante, damasco; E – ervilha, endívia; F – figo, farinha; G – goiabada, gengibre; H – hortelã, hidratante; I – iogurte, inhame; J – jiló, jabuticaba; M – maçã, manga; N – nabo, noz; O – óleo, ovo; P – pimentão, papel higiênico; Q – quiabo, queijo; R – repolho, refrigerante; S – saco de lixo, salsa; T – tomate, tangerina; U – uva, uísque; V – vagem, vassoura.

17.

4	☽	5	1	3	☽	1	☼	2	3
☼	3	☽	1	☼	2	☼	5	1	☽
4	☽	4	☼	5	3	4	☽	4	1
☼	1	5	4	1	5	☼	5	☽	☼
5	☼	2	☼	1	3	☽	1	☼	2
4	2	3	☽	1	☼	2	4	3	2
5	☽	4	☼	4	☽	5	5	☼	☼
☼	3	☽	1	☼	2	3	4	☽	1
3	4	☼	4	☽	☼	5	2	3	☽
4	☽	5	1	2	☼	1	☽	3	3

18. Cada pessoa beijará 39 pessoas; isso significa um total de 1.560 beijos.

19. 1) YXTSRQPFDB

2) WUTSPNJGDA

3) RQONMLJICA

4) ZWTSRJHFEB

5) VSRPNMKIDC

20.

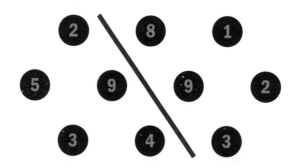

22. BOBINA • CASA • DEDO • DESEJO • FOGO • GUIDÃO • LIMÃO • LIVRO • MUSEU • NOZ • OBSCURO • ONDA • PASSEIO • PORTO • RODA • ROSAL • TEMPO • TORMENTA

23.

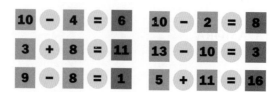

24. O número oculto é o **14.378**.

25.

26. ALERTA: ATRELA

COISA: CIOSA

POROS: SOPRO

DENTISTA: DISTANTE

COFRES: FRESCO

ANTRO: TORNA, NOTAR

RÁDIO: ÁRIDO, ODIAR

ÓTIMA: MOITA

AROMA: AMORA

27.

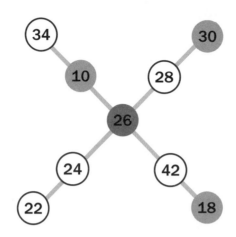

28.

O	N	D	A	B	K	L	Q	S	E	O	D	N	M	I	T	E	M	L	O	U	Y	T	Q	A	S	D	B	Y	B
G	E	I	R	R	L	Z	A	R	I	O	W	K	E	C	A	E	R	F	U	A	M	Q	G	L	P	O	V	A	X
C	X	H	M	O	T	O	W	K	E	P	N	N	A	X	O	W	K	E	Q	U	L	Z	R	A	Y	I	H	J	U
Z	A	U	A	H	Y	M	C	V	O	W	K	E	M	L	A	M	P	A	D	A	V	N	E	R	T	L	I	K	D
G	E	R	R	E	N	X	K	E	P	N	W	K	R	A	C	Q	O	L	P	R	E	M	U	T	Q	O	B	R	A
A	O	V	I	M	I	T	E	M	L	O	U	Y	L	N	X	S	F	A	A	M	O	I	K	B	S	I	D	O	U
U	H	N	O	R	E	L	H	A	J	A	A	E	R	O	Q	U	P	B	D	A	V	A	T	Y	P	N	S	U	T
C	X	D	V	H	D	M	I	D	O	F	X	E	I	G	U	C	I	Y	O	D	B	T	A	V	Z	E	R	C	A
U	O	W	K	P	R	I	J	U	F	G	O	L	M	O	N	K	I	L	T	I	W	E	B	P	X	G	E	I	R
X	M	I	T	E	L	L	E	L	P	V	C	S	O	T	E	B	R	V	M	L	X	D	Z	R	J	I	S	W	Q
B	M	I	T	E	Q	U	A	T	W	E	D	P	A	C	E	R	P	I	U	H	V	T	U	B	E	X	D	T	U
A	O	D	N	M	I	T	W	O	B	L	I	Q	U	O	T	E	M	L	O	A	Z	U	L	E	J	O	B	Y	I
R	X	H	U	O	T	O	W	E	P	N	W	K	O	L	P	O	V	U	L	O	T	O	A	R	I	V	E	T	A

29. SIMPÁTICO

30.

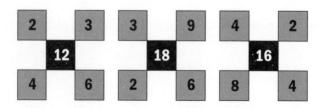

31. MALCRIADO

FRANQUEADO

DESCULPADO

EMPURRADO

DOUTORADO

ASSONÂNCIA

INANIMADO

HIDRATADO

GRANULADO

IMPORTÂNCIA

ACOMODADO

ESTÂNCIA

EXAGERADO

DISTÂNCIA

33. 3 – 7 – 2 – 6 – 23

34. LEOPARDO

35. O número 6 deveria ser escuro para que cada grupo somasse 50.

36.

```
 (1)   8  (7) (13)  2  (9) (11)
(21)   4 (78)(18)(20)(32)  4
  6   10 (35)(54)(19) (5)(13)
(15)   8 (29) (9)(25) (7)(90)
(78)   4  (5)(11)(67)(47) (3)
```

37. Pelo, pelagem, pelado, peludo.

Sol, solário, solar, ensolarado.

Cavalo, cavalaria, cavalgada, cavaleiro.

38. $2 + 7 + 6 + 9 + 8 + 3 = 35$

39. Mamíferos:

Gato, cachorro, cavalo.

Aves:

Galinha, águia, avestruz, pintassilgo, faisão.

40. Camaleão

Bicicleta

Libélula

Teco-teco

Elefante

Piscina

Ônibus

Guitarra

41. Some os números pares com os ímpares:

3 + 9 + 1 + 6 + 6 = 25

Multiplique o primeiro número pelo último:

3 × 6 = 18

Subtraia o último número do terceiro:

9 – 6 = 3

Some os três últimos números:

9 + 1 + 6 = 16

Some os ímpares e subtraia os pares:

13 – 12 = 1

Conecte-se conosco:

- **f** facebook.com/editoravozes
- **◉** @editoravozes
- **🐦** @editora_vozes
- **▶** youtube.com/editoravozes
- **🗨** +55 24 99267-9864

www.vozes.com.br

Conheça nossas lojas:
www.livrariavozes.com.br

Belo Horizonte – Brasília – Campinas – Cuiabá – Curitiba
Fortaleza – Juiz de Fora – Petrópolis – Recife – São Paulo

EDITORA VOZES LTDA.
Rua Frei Luís, 100 – Centro – Cep 25689-900 – Petrópolis, RJ
Tel.: (24) 2233-9000 – E-mail: vendas@vozes.com.br